Monika Lange

Meine Ratte
und ich

Fotos: Christine Steimer
Zeichnungen: Renate Holzner

Geschichten: Gabriele Linke-Grün

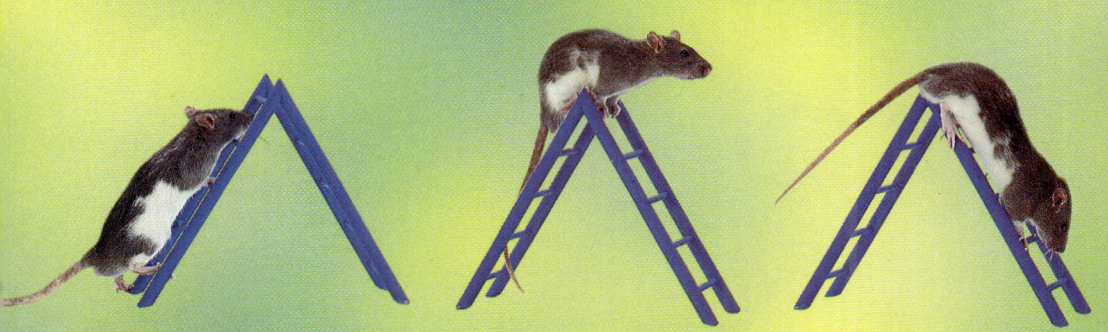

Inhalt

Vertrauen schaffen von Anfang an

love it

Ratten erleben

Spiel und Spaß mit der Ratte

have fun

Glücklich und aktiv im Alter

old & happy

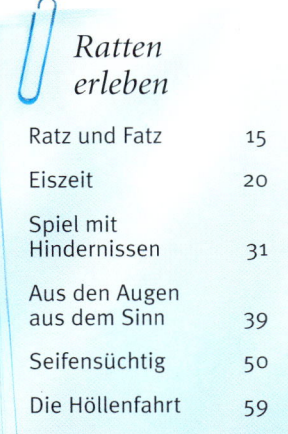

Goldene

Die Ratte Amelia ist stets auf neue Abenteuer aus. Aber am liebsten spielt sie mit ihrer Schwester Dina. Beide Tiere bewohnen ein geräumiges Ratten-Heim, werden abwechslungsreich ernährt und haben eine geradezu innige Beziehung zu »ihrem« Menschen.

Regeln
für die Haltung

Die 10 Goldenen Regeln zur Ausstattung

1 Streifenhörnchen- oder Chinchillakäfige mit eingebauten Kletterebenen haben die richtige Größe für zwei oder drei Ratten.

2 Holzkäfige widerstehen Rattenzähnen nicht und sind schlecht sauber zu halten!

3 Gitterrostböden können zu entzündeten Pfoten führen. Eine hohe Plastikwanne verhindert, dass Einstreu herausgescharrt wird.

4 Ein Aquarium als Käfig ist als Unterbringung ungeeignet.

5 Wählen Sie einen schweren Futternapf aus Ton oder Keramik. Für Trinkwasser eignet sich eine Nippeltränke.

6 Ratten brauchen Versteckmöglichkeiten im Käfig wie Schlafhäuschen für Zwergkaninchen, umgedrehte Blumentöpfe aus Ton bzw. Pappkartons mit Löchern versehen.

7 Als Nestmaterial eignen sich Heu oder Papiertücher.

8 Als Käfigeinstreu empfehlen sich Produkte auf Papier- oder Pflanzenstoffbasis.

9 Der Käfig braucht einen festen Platz. Gut für die Ratten ist ein erhöhter Käfigstandort, frei von Zugluft, extremer Hitze oder Kälte.

10 Um sich rundum wohl zu fühlen, brauchen Ratten Nage- und Spielmaterial.

take care

Die 10 Goldenen Regeln zur Ernährung

1 Die Wasserflasche muss immer gefüllt sein. Kontrollieren Sie, ob keine Luftblase das Röhrchen versperrt.

2 Als Grundfutter Hamster- oder Rattenkörnerfutter mit zuckerfreiem Müsli mischen. Lagern Sie das Futter in luftdichten Behältern.

3 Abwechslungsreiches Beifutter aus frischem Obst und Gemüse sind wichtig!

4 Ratten sind Nagetiere. Sie lieben hartes Brot, rohe Nudeln und Reis.

5 Ratten sind keine Vegetarier. Geben Sie zwei- bis dreimal pro Woche kleine Mengen gegartes Fleisch, Mehlwürmer, Joghurt, Käse, gekochte Eier oder Bierhefeflocken.

6 Fette Kost wie Nüsse, Käse, Chips etc. nur in Maßen füttern. Zu viel Fett fördert die Entstehung von Tumoren!

7 Schädlich sind: Schokolade, Koffein, Alkohol, rohe Bohnen, alle Kohlarten, Mineralwasser und scharfgewürzte Speisen.

8 Füttern Sie keine Abfälle und keine Käserinden (Fungizide)!

9 Sorgen Sie dafür, dass Ihre Ratten immer Grundfutter zur Verfügung haben.

10 Ratten fressen ab und zu ihre eigenen Fäzes (Köttel) und brauchen das auch!

take care

Die 10 Goldenen Regeln zur **Pflege**

1 Zwei oder drei gleichgeschlechtliche Ratten fühlen sich wohler als Einzelratten und werden genauso zahm!

2 Den Käfig einmal in der Woche mit heißem Wasser säubern und Einstreu sowie Nestmaterial erneuern.

3 Verteilen Sie ein wenig von der alten Einstreu über der frischen, dann riecht der Käfig nicht so fremd.

4 Einmal wöchentlich Futternapf und Wasserflasche mit heißem Wasser reinigen.

5 Regelmäßig neues Nagematerial wie Äste, hartes Brot oder Nageholz (→ Foto oben) anbieten.

6 Eine sehr schmutzige Ratte darf man vorsichtig mit Katzenshampoo baden. Das Tier hinterher gut abtrocknen.

7 Ratten wollen jeden Tag Auslauf in rattensicheren Räumen (→ Seite 38).

8 Kaputtes Spielzeug austauschen und jeden Tag mit den Ratten spielen.

9 Schützen Sie Ihre Ratten vor Überhitzung oder Unterkühlung. Sehr trockene Heizungsluft reizt ihre Atemwege.

10 Lassen Sie sich vom Tierarzt zeigen, wie man zu lange Krallen kürzt.

Typisch

Ratz und Fatz, die beiden Rattenbrüder, richten sich neugierig auf. Was hat denn da so geraschelt? Während Ratz der Draufgänger die »Nase vorn« hat, hält sich der vorsichtige Fatz lieber erst einmal im Hintergrund.

Ratte

watch it

Wanderratten sind ihre Vorfahren

Als Rattenliebhaber muss man mit Bemerkungen rechnen, die bei einem Dackel oder Wellensittich als reichlich unhöflich gelten würden. Am besten, Sie nehmen's gelassen und rüsten sich mit handfestem Wissen über Ihre außergewöhnlichen Heimtiere aus.

Unsere zahmen Farbratten stammen alle von der Wanderratte ab, die mit wissenschaftlichem Namen *Rattus norvegicus* heißt. Wanderratten kamen erst Anfang des 18. Jahrhunderts auf den neu entstandenen Handelswegen von Asien nach Europa. Damals glaubte man jedoch, sie hätten sich von Norwegen aus verbreitet, daher der Name *norvegicus*. Von Europa aus gelangten Wanderratten in die ganze Welt.

Hausratten (*Rattus rattus*), die Verwandten der Wanderratten, siedelten sich übrigens bereits vor dem Mittelalter in Europa an. Sie stammen aus dem tropischen Asien, sind zierlicher, haben größere Ohren und einen längeren Schwanz. Da die Hausratten wärmere Temperaturen bevorzugen und gute Kletterer sind, lebten sie im Gegensatz zu den Wanderratten fast ausschließlich in Häusern und auf Dachböden. Wie Eulen, Marder und Fledermäuse sind die Hausratten jedoch inzwischen von unseren Dachböden vertrieben worden.

Leben im Untergrund

Wilde Wanderratten sind sehr gesellige Tiere. Sie leben in unterirdischen Bauen zusammen und beanspruchen die Umgebung als ihr Revier. Die Größe der Kolonie und des Reviers hängt vom Nahrungsangebot ab. Kleine Kolonien bestehen aus etwa zwanzig Tieren, die größten können mehrere hundert Tiere umfassen. Sie werden von wenigen Ratten, manchmal von nur einem schwangeren Weibchen gegründet, das

Rattenweibchen sind vorbildliche Mütter. Eng kuscheln sich die Kleinen an ihre Mama.

Ratz und Fatz

Meine beiden Ratten sind unbestritten kleine Persönlichkeiten. Während Fatz der Ruhige, dafür aber geniale Erfinder ist, könnte man Ratz als unerschrockenen Draufgänger beschreiben. Eines Abends ritt Ratz dann auch wieder einmal der Teufel. Seit ein paar Tagen hatte ich nämlich die beiden Kanaris meiner Freundin in Pflege. Der Käfig stand wohlweislich hoch oben auf dem Bücherregal, denn ich konnte mir schon denken, dass meine beiden Ratten sich sehr für die Vögelchen interessieren würden. Ich saß bereits seit einiger Zeit gemütlich auf der Couch, Fatz träumte friedlich auf meinem Schoß, als Ratz unruhig wurde. Schließlich kletterte er über die Sofalehne auf den Boden hinunter. Er schnupperte hier und schnupperte da, ganz unschuldig, wie es auf den ersten Blick aussah – wäre da nur nicht sein pfeilgerader Schwanz gewesen, der mir immer verrät, dass er etwas im Schilde führt. Langsam näherte sich Ratz dem Bücherregal. Da das Regal hinten offen ist, gelang es ihm tatsächlich, die Wand hinaufzulaufen. Dabei krallte er sich mit den Füßchen in die Raufasertapete, stützte sich mit dem Rücken an den Büchern ab und schob sich so Stück für Stück höher. Aha, die Kanaris waren sein Ziel! Ich klatschte fest in die Hände, um Ratz von seiner geplanten Tour abzulenken. Der Erfolg – er beeilte sich, noch schneller ans Ziel zu kommen. Dabei passierte es dann: er stürzte ab. Schnell eilte ich herbei, um ihn „aufzusammeln". Doch Ratz startete bereits seinen zweiten Anlauf. Ich mußte ihn regelrecht von der Wand „pflücken".

sich an einer trockenen Stelle, nicht zu weit von einer Futterquelle entfernt, eine Nestkammer gräbt. Mit der Zeit und immer mehr Rudelmitgliedern wird der Bau immer größer, mehr Nestkammern, Vorratskammern und eine Menge Verbindungs- und Fluchtwege werden angelegt. Alle Ratten halten den Bau in Stand und sauber. Der Rattenbau stellt den innersten und wichtigsten Teil des Rattenterritoriums dar.

Außerhalb ihres Baus legen wilde Ratten Trampelpfade an, die zu verschiedenen Futterquellen führen, auf denen sie ihr Revier erkunden und die sie auf kürzestem Weg in sichere Verstecke führen. Die Pfade werden mit Urin und Drüsensekreten der Männchen gekennzeichnet. Auch domestizierte Ratten haben Pfade, die sie beim Freilauf im Zimmer als Erstes patrouillieren. Das kann man sich zu Nutze machen, indem man die Pfade z. B. frei von Kabeln hält.

Ratten verteidigen ihr Revier

Das Sozialleben im Bau ist leider nicht sehr genau erforscht. Zum einem ist es schwierig, lauter braune, nachtaktive, unterirdische Ratten zu beobachten, zum anderen hat sich die Forschung meistens auf die Schädlingsbekämpfung konzentriert.

So sind Ratten

➡ Ratten sind Nagetiere und gehören zur Familie der Mäuse.

➡ Sie leben in Kolonien.

➡ Sie sind dämmerungs- und nachtaktiv.

➡ Weibchen werden ca. 300 g schwer, Männchen 600 g. Ihre Körperlänge beträgt 37 cm (ohne Schwanz).

➡ Der Schwanz dient zum Ausgleich der Körpertemperatur, zur Balance, zum Greifen beim Klettern und als Stimmungsbarometer.

➡ Die Zähne wachsen ständig nach.

➡ Sie können Futter geschickt in ihren Vorderpfoten halten.

➡ Domestizierte Ratten werden etwa 2 bis 3 Jahre alt, Wildratten nur etwa ein halbes bis ganzes Jahr.

➡ Wildratten werden mit 3 Monaten geschlechtsreif und werfen 6 bis 8 Junge; domestizierte Ratten werden bereits mit 6 Wochen geschlechtsreif und werfen 10 und mehr Junge.

Man weiß, dass Ratten sehr territorial sind und die Männchen das Revier gegen fremde Ratten verteidigen. Meistens lassen sich die Fremden sehr schnell von den selbstbewussten Revierbesitzern vertreiben. Schließlich will jeder ernsthafte Kämpfe vermeiden – auch kleinste Verletzungen können sich infizieren. Kommt es wirklich zu Konflikten, läuft das nach einem festgelegten Schema ab. Zuerst versuchen die Tiere ihre Gegner mit einem Buckel und gesträubtem Fell einzuschüchtern. Räumt keiner der Gegner das Feld, schlagen sie mit den kräftigen Krallen der Hinterpfoten, tragen Boxkämpfe aus oder beißen. Die Auseinandersetzung wird immer wieder durch Drohgesten und Urinieren unterbrochen. Gibt einer der Kämpfenden auf, flieht er oder wirft sich steif auf den Rücken. Das beschwichtigt den Gewinner. Nicht ganz so viel weiß man über das Rangsystem der Männchen. Anscheinend erstreiten fast immer die größeren und ältesten Tiere die höheren Rangstufen. Inwieweit die ranghöheren Rätteriche Vorrang bei Futter oder bei der Paarung haben, ist nicht genau bekannt. Auf jeden Fall scheinen es die jüngeren, rangniedrigeren Tiere zu sein, die auswandern müssen, wenn eine Kolonie im Verhältnis zum Futterangebot zu groß wird.

Gemeinschaft macht stark

In einer etablierten Kolonie findet wenig Aggression statt. Die Tiere verfügen über eine Menge Signale, die ihr Zusammenleben regeln. Gegenseitige Fellpflege z. B. stärkt den Zusammenhalt.

Klettern ist eine Rattenleidenschaft. Doch diese beiden Kleinen tun sich noch etwas schwer dabei.

TIPP vom ZÜCHTER

Die Geschlechtsunterscheidung ist bei Ratten recht einfach. Bereits bei etwa fünf Wochen alten Männchen erkennt man deutlich die Hoden. Beim Weibchen fallen auch dem Laien vor allem die drei Zitzenpaare am Brustkorb und die drei am Unterbauch auf.

Einige Vorteile einer Kolonie: Sie erschließen gemeinsam einen Bau, die Nahrungsquellen und ein Revier. Sie haben immer Fortpflanzungspartner. Der verzweigte Bau bietet Schutz vor Fressfeinden. Die Futterkammern werden zu einem gewissen Grad gemeinschaftlich genutzt. Sehr wahrscheinlich erkennt eine Ratte jede einzelne Ratte in ihrem Rudel an ihrem Individualgeruch.

Viele Rattenjunge

Wanderratten werden mit ungefähr drei Monaten geschlechtsreif (domestizierte Ratten schon mit sechs Wochen!). Die Weibchen können von da an theoretisch alle drei Wochen Nachwuchs bekommen, da sie in der Lage sind, sich direkt nach der Geburt wieder zu paaren. Sie werden alle drei bis fünf Tage brunftig. Wildrattenweibchen paaren sich mit vielen Männchen im Rudel, ohne dass es dabei Kämpfe um die Weibchen

gibt. Natürlich ist die hohe Fortpflanzungsrate wichtig für Ratten, denn die Sterberate wilder Ratten in der Natur ist ebenfalls sehr hoch, aber Ratten produzieren nicht einfach nur viele Junge, sie sind auch gute Mütter.

Die Tragezeit beträgt ungefähr drei Wochen. Zum Ende dieser Zeit baut sich das Weibchen ein dick gepolstertes Nest, das es heftig gegen Eindringlinge verteidigt. Auf den Hinterbeinen sitzend, hilft es den Jungen mit den Vorderpfoten auf die Welt. Die Mutter frisst dann die Fruchtblase, die Nabelschnur und die Nachgeburt. Die sechs bis acht Jungen werden nackt, taub und blind geboren.

Neben Milch und Wärme bekommen die Jungen regelmäßige Bauchmassagen. Ohne sie würden sie an Verstopfung sterben. Kot und verschmutztes Nestmaterial trägt die Mutter aus dem Nest. Sogar die Temperatur regelt sie. Bei Zugluft verstopft sie die entsprechenden Eingänge mit Lehm und Gras.

Nach vierzehn Tagen öffnen sich die Augen und die unternehmungslustigen Rattenbabys krabbeln schon mal aus dem Nest. Ihre Ultraschallrufe alarmieren die Mutter, die sie wieder zurück ins warme Nest bringt. Eine Tragstarre wie etwa bei Katzen kennen Ratten allerdings nicht.

Die jungen Ratten schauen sich bei ihrer Mutter ab, welches Futter fressbar ist. Tatsächlich können sie schon in der Muttermilch die Nahrung der Mutter erschmecken. Wann immer möglich, bevorzugen sie später dieses Futter.

Übrigens, wenn Sie unerwünschten Rattennachwuchs vermeiden wollen, ist die sicherste Methode, die Tiere nach Geschlechtern getrennt zu halten. Wenn Sie jedoch unbedingt ein Paar halten möchten, sollten Sie das Männchen von einem Tierarzt kastrieren lassen. Doch Vorsicht, kastrierte Böcke bleiben bis zu sechs Wochen nach der Kastration zeugungsfähig!

So ernähren sich Ratten

Ratten sind Allesfresser. Sie fressen pflanzliche Kost wie Getreide, Obst und Gemüse, sie nehmen mit Vorliebe menschliche Nahrung wie Käse, Pizza und Nudeln, sie mögen Eier und Milch und sie jagen nach Insekten, Schnecken, Mäusen und Vögeln. Sie fischen am Ufer wie Waschbären nach Insekten und kleinen Fischen, sie plündern Fischreusen und graben Muscheln am Strand aus.

Besonders ergiebige Futterquellen schafft häufig der Mensch: Müllhalden und Mülltonnen, Bauernhöfe, Vorratskammern, Keller, Abwasserkanäle, Zoos, Restaurants, Geflügelfarmen, alles bietet einen reich gedeckten Tisch. Die Futtersuche der Wanderratten funktioniert in der Regel so ähnlich wie in einem Bienenstock: Die heimkommenden Ratten werden am Eingang des Baus von den anderen inspiziert. Das Futter, das sie mitbringen, und die Gerüche, die noch an ihnen haften, verraten den anderen, ob sie etwas Interessantes gefunden haben. Sie folgen dann den markierten Pfaden zum Futter.

Obwohl Ratten nicht in dem Maß horten, wie z.B. Hamster es tun, legen auch sie Vorräte in speziellen Vorratskammern an. Die Vorratskammern werden gemeinschaftlich genutzt und eine Ratte, die gerade keine Gelegenheit zur Futtersuche hatte, kann sich dort auch etwas Nahrung stibitzen.

Vorsichtige Ratten leben länger

Ratten sind quasi auf das Nicht-Spezialisiertsein spezialisiert. Sie geben jeder neuen Futterquelle ein Chance, sind dabei aber extrem vorsichtig. Vielleicht liegt das nur daran, dass sie unbe-

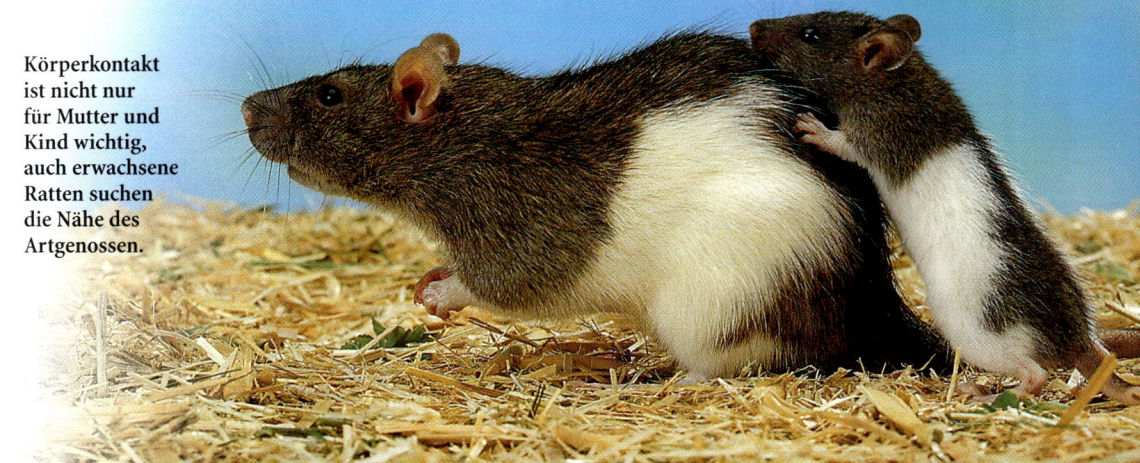

Körperkontakt ist nicht nur für Mutter und Kind wichtig, auch erwachsene Ratten suchen die Nähe des Artgenossen.

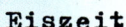

Eiszeit

Es geschah an einem heißen Sommertag. Ratz und Fatz lagen faul in ihrer Hängematte, die ich ihnen aus einem Gästehandtuch gebastelt und im Käfig befestigt hatte. Vielleicht brauchten die beiden eine kleine Abkühlung?

Also holte ich ihnen zwei Fruchteiswürfel aus dem Eisschrank. Diese Leckerbissen mögen Ratz und Fatz für ihr Leben gern. Dazu gebe ich Fruchtsaft in eine Eiswürfelschale und lege in jeden Würfel zum Beispiel eine frische Himbeere oder andere Obststückchen. Ist alles gefroren, dürfen Ratz und Fatz Eis lutschen und zum Schluß das leckere Obst verspeisen. Begierig nahmen die beiden ihre Eiswürfel in Empfang und begannen eifrig an der kühlen Erfrischung zu lecken, während sie sanft in ihrer Hängematte schaukelten. Plötzlich entglitt Ratz sein Eiswürfel und kullerte unter seinen Körper. War das kalt! Wie von einer Tarantel gestochen fuhr er auf und sprang entsetzt aus der Hängematte. Durch den Sprung geriet die Hängematte so in Schwung, dass auch Fatz seinen Eiswürfel verlor und aus der Matte kullerte. Die Eiswürfel flogen in hohem Bogen hinterher und trafen Ratz am Rücken. Fluchtartig rannten meine beiden aus ihrem Käfig, denn auf solche Geschosse waren sie nicht vorbereitet. Ihrer Vorliebe für Eiswürfel hat diese Episode zwar keinen Abbruch getan. Doch jetzt schleppen sie die glitschigen Würfel lieber in ihr Häuschen, um sich dann in aller Ruhe darüber herzumachen.

kömmliches Futter nicht erbrechen können, vielleicht ist das aber auch eine Eigenschaft, die sie im »Zusammenleben« mit den Menschen erworben haben.

Um jede Veränderung im Revier wird jedenfalls erst einmal ein großer Bogen gemacht. Erst Tage später erkundet die Ratte den neuen Gegenstand, wenn er essbar scheint, probiert sie ihn auch. Nur wenn er der Ratte bekommt, wird sie mehr davon fressen. Ihre markierten Pfade leiten dann auch die anderen zu der Futterquelle. Verdorbenes Futter rühren übrigens nicht einmal Kanalratten an. Nahrung, die in den Vorratskammern ihrer Baue verdirbt, wird entfernt.

Domestizierte Ratten

Alle »Heimtierratten« stammen von Laborratten ab. Seit ca. 1850 werden Ratten als Versuchstiere gehalten. Die Laborratten haben sich weit von ihren wilden Verwandten entfernt. Sie sind weniger aggressiv gegenüber Menschen und weniger scheu als Wildratten. Sie werden schon mit sechs Wochen geschlechtsreif und haben fast doppelt so große Würfe. Zudem hat sich die verhältnismäßige Größe der Organe verändert. Nur ihr Sozialleben ist weitgehend gleich. Sie sind sogar in der Lage, in der freien Natur ganz normale Kolonien zu gründen, wenn sie auf günstige Umstände stoßen.

Im Grunde stehen Wildratten und domestizierte Ratten im gleichen Verhältnis wie Wölfe und Hunde. Wenn man sich für die »Heimtierratten« ebenfalls einen neuen Namen ausgedacht hätte, hätten die Tiere vielleicht nicht solche Imageprobleme!

Seitdem Ratten als Heimtiere immer beliebter wurden, gibt es neben den Albinos und Haubenratten immer mehr Farbschläge – cremefarben,

Ratten wollen als Heimtiere immer beschäftigt sein. Langeweile kann sie krank machen.

blaugrau, huskyfarben, schokofarben, wildfarben (agouti) oder gescheckt.

Auch domestizierte Ratten haben ihre Neugier und ihre Erfindungsgabe nicht verlernt, und genau wie ihre wilden Vorfahren hat jede Ratte eine andere Persönlichkeit. Da sie so gesellige Tiere sind, gehen sie eine enge Bindung mit »ihren« Menschen ein.

Körperpflege gehört für Ratten zum Tagespflichtprogramm. Die geschickten Vorderpfötchen helfen beim »Nase putzen« und bei der gegenseitigen Fellpflege.

Sinnesleistungen

Sehen: Rattenaugen sind auf das Aufspüren von Bewegung spezialisiert. Die können sie auch auf große Entfernungen erkennen. Allerdings können sie ihre Augen kaum auf unbewegte Objekte fokussieren und sind kurzsichtig.

Da ihre Augen seitlich am Kopf sitzen, haben sie fast Rundumsicht, aber die Blickfelder der Augen überschneiden sich nicht; sie sehen nicht räumlich. Ratten verlassen sich deshalb mehr auf ihre anderen Sinne.

→ Das tut Ihren Ratten gut: Während des Freilaufs im Zimmer kann es passieren, dass Ihnen die Tiere direkt vor die Füße laufen. Das liegt an ihrem schlechten räumlichen Sehver-

mögen. Seien Sie also besonders vorsichtig, wenn sich Ihre Ratten außerhalb des Käfigs aufhalten.

Riechen: Riechen spielt bei der Erkennung von Rudelmitgliedern, rättischen und menschlichen, eine ganz entscheidende Rolle. Ratten spüren Futter riechend auf. Sie markieren ihr Revier und ihre Trampelpfade mit Gerüchen. Männchen riechen die Brunft der Weibchen.

➜ Das tut Ihren Ratten gut: Wenn Sie die Tiere anfassen, sollten Sie keine »Düfte« wie parfümierte Seife, Desinfektionsmittel oder Rasierwasser an den Händen haben. Ihre Ratte erkennt Sie dann nicht mehr an Ihrem persönlichen Geruch.

Schmecken: Ratten haben einen feinen Geschmackssinn. Sie reagieren empfindlich auf alles, was bitter ist. Viele Ratten sind Süßmäuler und Fans von Knoblauch.

➜ Das tut Ihren Ratten gut: Sorgen Sie für einen abwechslungsreichen Speiseplan.

Hören: Ratten können auch im Ultraschallbereich hören. Ein großer Teil ihrer Verständigung findet in diesem Frequenzbereich statt. Sie quieken für uns hörbar, wenn sie Angst oder Schmerzen haben.

➜ Das tut Ihren Ratten gut: Ratten sind dämmerungsaktive Tiere, die tagsüber gern ihre Ruhe haben. Suchen Sie deshalb einen ruhigen Platz für den Rattenkäfig.

Tasten: Der Tastsinn ist wichtig für Ratten. Sie benutzen ihre langen Barthaare für die direkte räumliche Erkundung und zur Orientierung im Dunkeln. Ratten kuscheln gern. Für ihr Wohlbefinden brauchen sie die gegenseitige Fell-

TIPP vom TIERARZT

Dem Bau einer Wildratte entspricht der Käfig einer Ratte, die als Heimtier gehalten wird. Deshalb stellt der Käfig für die Tiere eher eine sichere Burg da, weniger ein Gefängnis. Wichtig ist natürlich, dass die Ratte genügend Freilauf in der Wohnung erhält.

pflege und den Körperkontakt mit anderen Ratten.

➜ Das tut Ihren Ratten gut: Die meisten Ratten bauen eine sehr enge Bindung zu »ihrem« Menschen auf und genießen auch Schmusestunden mit Hingabe.

Typische Verhaltensweisen

Die Nase in den Wind: Ratten testen häufig die Gerüche ihrer Umgebung sehr intensiv. Sie heben dabei eine Pfote oder stehen auf den Hinterbeinen.

Neues erkunden: Sie nähern sich unbekannten Gegenständen lang ausgestreckt und jederzeit fluchtbereit.

Markieren: Sie markieren ihr Revier und auch ihre Menschen mit stecknadelkopfgroßen Urintropfen (manche Ratten leider auch mit mehr). Männchen markieren zusätzlich mit einem Drüsensekret.

Nester: So gut wie alle Ratten bauen instinktiv Schlafnester aus den verschiedensten Materialien, die ihnen zur Verfügung stehen.

Graben: Sie nehmen jede Gelegenheit wahr, um ihre angeborene Neigung zum Bauegraben auszuleben. Häufig leiden darunter Topfpflanzen.

Rattenyoga: Ratten schlafen zusammengerollt in oft seltsamen Positionen. Dauerschlafen ist ein Zeichen von Vernachlässigung oder Krankheit.

Fellpflege: Ratten putzen sich mehrmals täglich in einer festgelegten Putzsequenz. Sie putzen sich auch gegenseitig, was das Zusammengehörigkeitsgefühl stärkt. Rigoroses Putzen, bei dem der andere heruntergedrückt wird, ist allerdings eine Machtdemonstration.

Schwanz: Ein bleistiftgerader Schwanz verrät Anspannung, ein locker hochgebogener Entspannung und Unternehmungslust.

Verstecke: Dunkle Verstecke vermitteln Sicherheit. In unserer Kleidung bekommen Ratten einen Unterschlupf und Körperkontakt.

Zähneknuspern: Beim Streicheln knuspert eine Ratte vor Wonne. Zähnereiben kann aber auch eine Warnung sein, wenn sie gleichzeitig das Fell sträubt und einen Buckel macht.

Jagd: Jagdinstinkte können Sie beobachten, wenn Sie Ihrer Ratte Mehlwürmer füttern oder wenn sie Vögel und andere Kleintiere erspäht.

Begrüßung: Zwei Ratten begrüßen sich immer durch Beschnüffeln.

Brunft: Brunftige Weibchen reagieren auf eine Berührung der Flanken mit einem durchgedrückten Rücken und schnell flatternden Ohren.

Rangkämpfe: Gelegentliche (verletzungsfreie) Scharmützel und Machtdemonstrationen bestätigen die Rangfolge der Tiere.

Diese beiden Ratten kennen sich nicht. Es kann zu einem kleinen Gefecht kommen, wobei der Revierinhaber den Eindringling meist in die Flucht schlägt.

Wie gut kennen Sie Ihre Ratten?

Wenn Sie Ihre Ratten richtig halten und verstehen möchten, sollten Sie sich unbedingt mit dem Wesen und dem Verhalten Ihrer liebenswerten Hausgenossen auseinandersetzen. Wie viel Sie bereits über Ihre Lieblinge wissen, verrät Ihnen dieser Test.

		JA	NEIN
1	Sind Ratten Einzelgänger?	○	○
2	Können Ratten besonders gut sehen?	○	○
3	Werden Ratten älter als zwei bis drei Jahre?	○	○
4	Dient der Schwanz unter anderem zur Regulation der Körpertemperatur?	○	○
5	Wachsen die Zähne einer Ratte ständig nach?	○	○
6	Sind Rattenmännchen kleiner als Weibchen?	○	○
7	Sind Ratten neugierig?	○	○
8	Können sich Ratten bereits ab der sechsten Lebenswoche fortpflanzen?	○	○
9	Sammeln Rattenmütter ihren Nachwuchs wieder ein, wenn er sich zu weit vom Nest entfernt?	○	○
10	Haben wilde Ratten in ihrem Bau »Extrazimmer«, z. B. für Jungtiere, zur Vorratshaltung oder zum Schlafen?	○	○
11	Können Menschen alle Rattenunterhaltungen hören?	○	○
12	Fressen Ratten verdorbenes Futter?	○	○

Auflösung: 1 = Nein; 2 = Nein; 3 = Nein; 4 = Ja; 5 = Ja; 6 = Nein; 7 = Ja; 8 = Ja; 9 = Ja; 10 = Ja; 11 = Nein; 12 = Nein.

Vertrauen

Wenn Ratten sich so unbefangen in der Gegenwart
»ihres« Menschen benehmen, ist das ein großer
Vertrauensbeweis. Um solch ein gutes Verhältnis zu den
Tieren zu bekommen, darf man sie nicht enttäuschen.

schaffen
von Anfang an

love it

TIPP vom THERAPEUTEN

Wenn Sie Ihre Ratten beim Zoofachhändler oder Züchter abholen, sollten Sie ein Schäufelchen Streu aus dem alten Käfig der Ratten mitnehmen und zu Hause in den neuen Käfig streuen. Dann riecht der neue Käfig für die Ratten gleich vertrauter und sie gewöhnen sich leichter ein.

Vertrauen als Basis

Wie stellen Sie sich eigentlich eine ideale Ratten-Mensch-Beziehung vor? Sie möchten mit dem Tier spielen, es kraulen und es genießen, wenn es als kleines Wärmekissen beispielsweise auf Ihrem Schoß einschläft. Aus der Sicht der Ratte werden Sie großzügig in das Rattenrudel aufgenommen, Sie sind »Familie«. Die kleinen Nager investieren eine Menge Vertrauen in Menschen. Deshalb beißen sie auch nicht zu, wenn eine Situation unangenehm für sie ist. Zahme Ratten lassen es sich z. B. gefallen, dass Sie ihre Zähne untersuchen oder sie auf den Rücken drehen.

Wie bei allen Tieren muss man sich dieses Vertrauen allerdings erst einmal verdienen. Ratten merken sich schlechte Erfahrungen, deshalb ist es wichtig, gleich von Anfang an auf dem richtigen Fuß zu starten. Und ganz nebenbei: Rattenbisse schmerzen ordentlich. Das Vertrauen wird dabei auf beiden Seiten gestört, was wiederum zur Vernachlässigung der Ratte führt, wodurch diese misstrauischer wird, und so weiter. Am Ende verliert immer das Tier, denn es kann nichts dagegen tun, wenn es einsam im Käfig sitzt. Doch was tun? Ein bisschen Einfühlungsvermögen und ein wenig Vorwissen helfen. Wenn Sie die ersten Schritte in die richtige Richtung getan haben, ergibt sich der Rest von selbst.

In der neuen Umgebung

Wenn Sie Ihre Ratten in der Transportkiste nach Hause bringen, dann versuchen Sie sich einmal in die Tiere hineinzuversetzen. Sie wurden aus ihrer gewohnten Umgebung herausgefangen und in eine Schachtel gesperrt. Das Rudel, das ihnen bisher Sicherheit geboten hat, ist nicht mehr da. In dem neuen Käfig fühlen sie sich ausgeliefert. Vielleicht wohnen andere, feindlich gesinnte Ratten hier? Ein Universum an neuen Gerüchen stürmt auf sie ein. Alle Geräusche sind neu und bedrohlich.

Bereiten Sie den Einzug Ihrer neuen Hausgenossen deshalb gut vor, und nehmen Sie Rücksicht auf ihre angeborene Vorsicht.

Zu Hause sollte der Käfig samt Inventar fertig zum Einzug bereitstehen, und zwar schon an seinem endgültigen Platz.

Setzen Sie die Tiere zügig in ihren Käfig. Lassen Sie sie dann zur Ruhe kommen. Vermeiden Sie Lärm, und verhindern Sie, dass die gesamte Familie und die Nachbarschaft um den Käfig herumsitzt. Nur die Personen, die später am meisten mit den Ratten zu tun haben, können die Ratten bei ihrem Einzug beobachten. Je nach

Temperament der Ratten werden sie zuerst den Käfig gründlich erkunden oder sich schnellstens in der nächstbesten dunklen Ecke verstecken. Beobachten Sie, ob die Ratten Futter und Wasser finden und ob sie ihren Unterschlupf beziehen. Gönnen Sie ihnen ein Schläfchen, bevor Sie sich weiter mit ihnen beschäftigen. Auf keinen Fall sollten Sie die Tiere vorzeitig aus ihrem neuen Käfig herausfangen.

Das weitere Tempo der Annäherung hängt von den Ratten ab. Wenn Sie Ratten bekommen haben, die von klein auf an Menschen gewöhnt sind, müssen diese nicht im eigentlichen Sinne gezähmt werden, weil sie dann keine Angst vor Menschen haben. Sie müssen sie allerdings an sich, Ihre Familie und die neue Umgebung gewöhnen. Wie das schnell und unkompliziert geschieht, finden Sie auf Seite 32 bis 34 beschrieben.

Kinder und Ratten

Viele Kinder mögen Ratten. Sie sehen in ihnen tolle Kuscheltiere, mit denen sie spielen können und die sich eng an

Wunschzettel der Ratte

Das mag sie:

1. Einen Unterschlupf und Material, um ein Nest darin zu bauen.

2. Einen sauberen Käfig. In alter Streu entwickelt sich Ammoniak, das ihre Atemwege reizt.

3. Sie will zur Begrüßung an Ihrer Hand riechen.

4. Ausgiebig gekrault werden – wenn der Ratte danach ist.

5. Jemand, der mit ihr spielt.

6. Auslauf und Erkundungsmöglichkeiten.

7. Mit anderen Ratten, auch »ihrem« Menschen auf einem Haufen liegen.

Das mag sie nicht:

1. Einsamkeit. Ratten brauchen Artgenossen.

2. Langeweile. Die klugen Ratten brauchen immer Beschäftigung.

3. Zugluft und Kälte, aber auch große Hitze.

4. Lärm; besonders bei der Eingewöhnung reagiert sie darauf empfindlich.

5. Am Schwanz hochgehoben werden!

6. Geweckt werden, wenn sie schlafen möchte.

7. Plötzlich von oben und ohne Begrüßung gegriffen werden.

sie anschließen. Wenn Sie als Eltern Ihr Kind zum richtigen Umgang mit dem Tier anleiten, wird es kaum zu Missverständnissen zwischen Kind und Ratte kommen. Machen Sie Ihr Kind auf Folgendes aufmerksam:

→ Ratten haben scharfe Zähne, die sie zum Einsatz bringen, wenn man ihnen wehtut.

→ Ratten sind kleine Tiere, deren Knochen brechen, wenn sie zu fest gedrückt werden.

→ Ratten verschwinden gern in der Kleidung, was unvorbereitete Kinder erschrecken kann.

→ Manche Ratten fassen alles als Futter auf, was durch ihre Käfigstangen kommt, manchmal auch Ihre Finger.

Nehmen Sie die Ratte auf die Hand, und zeigen Sie Ihrem Kind, dass die Ratte am liebsten am Kopf und am Rücken gekrault wird. Erklären Sie, dass Ratten auch Menschen an ihrem Geruch erkennen und sie deshalb gern an Fingern schnüffeln. Älteren Kindern können Sie das Tier auf den Arm geben. Jüngere Kinder sollten Ratten besser z. B. in einem Tragekörbchen herumtragen. Verhindern Sie auf jeden Fall, dass die Ratte am Schwanz hochgehoben wird. Er kann brechen! Ratten sind auf eine regelmäßige Pflege angewiesen. Allein zuständig zu sein für Füttern und Saubermachen ist deshalb nur etwas für ältere Kinder, die schon verantwortungsbewusst und nicht vergesslich sind. Für Teenager mit einem vollen Terminkalender sind Ratten als Heimtiere übrigens durchaus geeignet. Da die Tiere dämmerungsaktiv sind, vermissen sie ihre menschlichen Mitbewohner tagsüber nicht. Abends sind Ratten dann zum Spielen aufgelegt.

Dieses Katzengras läßt sich prima ausbuddeln. Das macht Spaß.

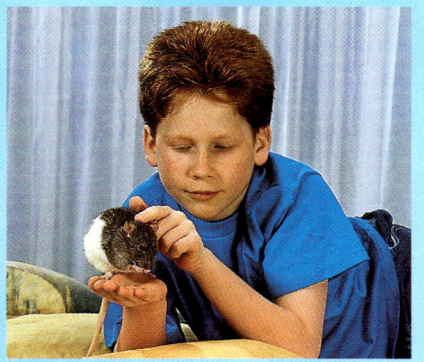

4 Frei von Angst

Jetzt sind der Ratte bereits Ihre Stimme, Ihr Geruch und Ihre Hand vertraut. Sie kommt ganz von sich aus auf Ihre Hand. Streicheln Sie das Tier nun vorsichtig zwischen den Ohren oder auf dem Rücken. Das genießen handzahme Ratten außerordentlich. Damit können Sie sich einige Pluspunkte für eine innige Freundschaft verdienen.

5 Richtiges Hochheben

Ein Rattenschwanz ist kein Henkel. Wenn Sie eine Ratte dort hochheben, kann der Schwanz brechen oder Haut und Knochen trennen sich, und Sie haben nur noch die Haut in der Hand. Fassen Sie die Ratte unter dem Bauch, und bieten Sie dann Halt für die Beine. Sie können sie mit beiden Händen fassen oder sie in der Armbeuge absetzen.

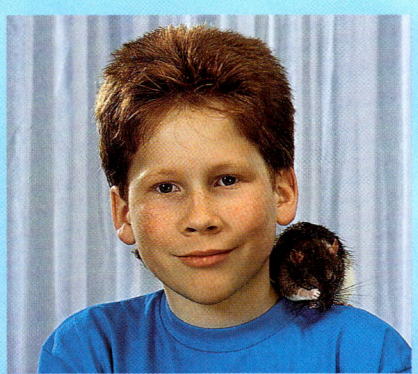

6 Freundschaft besiegelt

Wenn die Ratte sich putzt, während sie auf Ihrer Schulter sitzt, oder ein Nickerchen in Ihrer Armbeuge macht, haben Sie den Vertrauenstest erfolgreich bestanden. In einem Rattenrudel stärken die Tiere ihren Zusammenhalt durch gegenseitiges Putzen. Diese Aufmerksamkeit zollt Ihnen die Ratte, wenn sie Sie mit ihrer »Gummizunge« bearbeitet.

Rattenfreundschaft

Ratz sollte von seinem Dasein als Einzelratte erlöst werden. Bevor er Fatz akzeptierte, waren ein paar Tricks notwendig.

➜ Ein zweiter Käfig wird außer Beißweite neben den anderen Käfig gestellt.

➜ Gewöhnen Sie die neue Ratte an sich.

➜ Setzen Sie die Ratten abwechselnd in den jeweils anderen Käfig, damit sie sich an den Geruch des Artgenossen gewöhnen.

➜ Stellen Sie die Ratten einander auf neutralem Boden vor (z. B. in der Badewanne).

➜ Nun die Ratten in einen neuen gemeinsamen Käfig setzen.

➜ Anfängliche Keilereien sind normal und klären die Rangfolge. Bei dauerhaftem Streit Tiere trennen! Das Aneinandergewöhnen erneut probieren. Falls Verletzungen auftreten, müssen Sie die Tiere wieder trennen und noch mal anfangen.

Der Partner-Test

	Ratte	Hamster	Kaninchen	Meerschweinchen	Hund	Katze	Vogel	Mäuse
Ratte	🙂❤️	💣	💣	💣	🙂	💣	💣	💣
Hamster	💣	💣	💣	💣	🙂	💣	〰️	💣
Kaninchen	💣	💣	❤️	🙂	🙂	💣	〰️	💣
Meerschweinchen	💣	💣	🙂	❤️	🙂	💣	〰️	💣
Hund	💣	🙂	🙂	🙂	🙂❤️	💣	〰️	🙂
Katze	💣	🙂	🙂	🙂	💣	🙂	💣	🙂
Vogel	💣	〰️	〰️	〰️	🙂	💣	🙂❤️	〰️
Mäuse	💣	💣	💣	💣	🙂	💣	〰️	🙂

 *Vertragen sich bestens*   *Mord und Totschlag*   *Sind sich schnuppe*   *Aneinander gewöhnen*

1 Erste Annäherung

Ratten haben einen Schlafrhythmus: Starten Sie Ihre Annäherungsversuche, wenn die Ratte wach und aktiv ist, und stören Sie sie nicht beim Fressen. Beschränken Sie sich zunächst nur aufs Beobachten, und reden Sie mit leiser beruhigender Stimme mit dem Tier. Sprechen Sie es mit Namen an. Nur bei sehr scheuen Ratten sollten Sie versuchen, sie mit einem Leckerbissen, z. B. einem Käsehappen, aus dem Unterschlupf zu locken.

2 Geruch kennen lernen

Wichtig ist, das Tier mit Ihrem persönlichen Geruch bekannt zu machen. Lassen Sie es durch das Käfiggitter an Ihrer Hand schnuppern. Reagiert die Ratte jedoch sehr ängstlich, wenn Sie sich dem Käfig nähern, und verschwindet sofort in ihrem Unterschlupf, dann gehen Sie das Freundschaftschließen besser langsam an. Bei freundlichen und neugierigen Ratten machen Sie weiter wie bei Punkt 3 beschrieben.

3 Füttern mit der Hand

Bestechung ist bei der Eingewöhnung erlaubt. Bieten Sie kleine Leckerbissen wie Obst am geöffneten Käfigtürchen an. Man kann das mit einem Löffel machen oder das Leckerli zwischen zwei Fingern halten. Auf der flachen Hand angeboten, verleitet es mutige Ratten, auf die Hand zu krabbeln. Geben Sie nur kleine Leckerbissen, sonst kommt die Ratte nicht zurück, um mehr zu bekommen!

Freilauf im Zimmer

Der tägliche Auslauf hält Ihre Ratte fit – körperlich und »geistig«. Den ersten Auslauf sollten Sie Ihrer Ratte aber erst gewähren, wenn sie bereits an Sie gewöhnt ist und sich problemlos von Ihnen anfassen läßt.

Da Ratten vorsichtige Tiere sind, werden sie das Zimmer in immer größer werdenden Kreisen erkunden. Füttern Sie außerhalb des Käfigs nicht zu viel, sonst hat Ihre Ratte keinen Grund, wieder zurück in den Käfig zu gehen. Da Ratten ihre »Beute« gern in ihrem Bau fressen, können Sie dem Tierchen einen kleinen Leckerbissen geben, wenn Sie es zurück in den Käfig setzen wollen. Dann verschwindet die Ratte damit in ihrem Unterschlupf, und Sie müssen nicht mit ihr rangeln, um das Käfigtürchen schließen zu können.

Beim Freilauf im Zimmer wird für Ratten alles zum Abenteuer.

Vertrauen aufbauen Schritt für Schritt

Haben Sie schon einmal Menschen beobachtet, die sehr gut mit Tieren umgehen können? Die meisten befolgen ein paar einfache Regeln.

Wenn Sie sich dem Tier nähern, machen Sie auf sich aufmerksam. Kaum ein Tier wird gern überrascht. Ruhig mit der Ratte zu reden ist dafür gut geeignet. Damit können Sie sie auch gleich an ihren Namen gewöhnen. Tierleute sind häufig Menschen mit ruhigen Bewegungen. Ausgreifende Gesten und Geschichten, die mit viel Hand- und Armeinsatz erzählt werden, finden Tiere, die noch nicht zahm sind, bedrohlich. Lassen Sie Ihrer Ratte ein wenig Freiraum. Kommt sie von sich aus zu Ihnen, steht die Begegnung gleich unter einem guten Stern. Ratten erkennen ihr Gegenüber genau wie Hunde, Katzen oder Kaninchen vor allem durch dessen Eigengeruch. Zu einer ordentlichen Begrüßung »ihres« Menschen gehört deshalb immer das Beriechen der Hand.

Das Eis zwischen diesen beiden ist schon lange gebrochen.

Spiel mit Hindernissen

Das „Erschreck-mich-Versteck-dich-Spiel" lieben Ratz und Fatz über alles. Dabei ist meine
Hand gerade recht für einen kleinen Ringkampf.
Ich muß den Arm mit hochgestellter Handfläche
auf das Sofa legen. Dann kommt meist Ratz als
erster auf meine Hand zu, klammert sich an meinen
Fingern fest und jetzt bin ich aufgefordert, mit ihm
zu „ringen". „Erschreckt" flüchtet er anschließend
unter das Sofakissen und versteckt sich vor mir.
Gleich darauf lugt er schon wieder abenteuerlustig
hervor, und das Spiel geht von vorne los. So „ringen" wir zu zweit oder auch zu dritt miteinander,
bis Ratz und Fatz sich genügend ausgetobt haben.
Letztens waren meine Ratten und ich wieder einmal
eifrig in das „Erschreck-mich-Versteck-dich-Spiel"
vertieft. Gleichzeitig hatten sie meine Hand be-
stürmt und wollten nun blitzartig unter dem Sofakissen verschwinden. Doch was war das? Das Sofakissen hatte sich im Seitenteil der Couch verklemmt,
und Ratz und Fatz steckten plötzlich fest. Köpfchen
und Bauch waren bereits unter dem Kissen verschwunden, aber Hinterteil samt Schwanz stand noch „im
Freien". Es war ein Bild für die Götter, wie man so
schön sagt. Mit einiger Anstrengung gelang es Ratz
und Fatz schließlich, wieder frei-
zukommen und sich umzudrehen.
Vorsichtig hoben sie ihre
Köpfchen und schauten mich
sichtlich irritiert an.
So etwas war doch noch nie
passiert! Für heute jedenfalls hatten sie genug von
diesem Spiel.

⑤ Trage-tasche

Fatz genießt es, in der Jackentasche herumgetragen zu werden.

⑥ Der Einkaufskorb

Klettergerät und Essbares zugleich, wie aufregend! Ratz hat es auf die Radieschen abgesehen.

Gefahren-quellen

➡ Nicht auf das Tier drauftreten bzw. draufsetzen!

➡ Ratten kriechen und klettern: Vorsicht beim Türen- oder Schubladenschließen.

➡ Kabel möglichst unter Kabelleisten verlegen. Ratten haben bevorzugte Pfade: Halten Sie diese kabelfrei.

➡ Verstopfen Sie Löcher, in die die Ratte hineinfallen könnte.

➡ Vorsicht bei Gefäßen, in die eine Ratte hinein-, aber nicht mehr herauskommt (z. B. Blumenvasen, Aquarien).

➡ Ratten verschwinden gern zwischen Sofapolstern und schaffen es auch, zwischen die Sprungfedern zu gelangen.

➡ Türen und Fenster während des Freilaufs schließen!

Aus den Augen aus dem Sinn

Ratz und Fatz sind es mittlerweile
gewöhnt, dass ich häufig Besuch habe.
Anfangs zeigten sie sich recht scheu und
hielten sich während des Besuches lieber im
Käfig auf, doch heute ziehen sie manchmal
sogar eine regelrechte Show ab. Wie letztens! Ich
saß mit Freunden im Wohnzimmer. Auf den Couchtisch
hatte ich eine Schüssel mit Chips gestellt.
Während wir uns angeregt unterhielten, kletterten
Ratz und Fatz blitzschnell am Tischbein aus
Korbgeflecht hoch, waren in null Komma nichts an
der Chips-Schüssel und bedienten sich. Nachdem ich
sie energisch wieder auf den Boden gesetzt hatte,
fingen sie dort eine ausgelassene Balgerei an.
Sie wußten genau, wie man es erreicht, alle Blicke
auf sich zu ziehen. Des Tobens müde kletterten sie
anschließend aufs Sofa, um ihre Lieblingsverstecke
aufzusuchen, nämlich die Ärmel meines Pullovers.
Kurze Zeit später waren Ratz und Fatz wohl einge-
schlafen, und im Eifer unserer interessanten
Unterhaltung vergaß ich die beiden ganz und gar.
Dann wurde es für meine Freunde Zeit zum Aufbruch.
Herzlich umarmte ich sie zum Abschied. Plötzlich
ließ sich ein empörtes Quieken aus meinen Pullo-
verärmeln vernehmen – Ratz und Fatz. Wahrscheinlich hatte ich ihre Körperchen bei der Umarmung
leicht gequetscht.
Schuldbewußt
holte ich sie
hervor, und Ratz
und Fatz bekamen
je ein Extra-
Obststückchen als
Entschuldigung.

1 Kein Hindernis

Die Küchenrolle kann man nicht nur überklettern, sondern das Papier verspricht auch Nagespaß ohne Ende.

2 Körperpflege

Trotz aufregender Ausflugserlebnisse im Zimmer vernachlässigt Ratz seine Körperpflege nicht. Sauberkeit geht doch über alles.

3 Der Picknickkorb

Hier lockt allerlei zum Spielen und Naschen. Außerdem fühlt sich Fatz in der »Höhle« herrlich geborgen.

4 Der Snack

Ratz steht auf Gurkenscheiben. So ein saftiger Leckerbissen zwischendurch stärkt für weitere Abenteuer.

Spiel
und Spaß

Ratten haben einen ausgeprägten Spieltrieb. Sie verabscheuen
Langeweile geradezu. Die intelligenten Tiere erfinden sogar Spiele,
um sich die Zeit zu vertreiben. Diese drei Ratten erkunden
mit Leidenschaft den Schweizer »Holzkäse«.

mit der Ratte

3 Holzwürfel

Auch dieses Spielgerät gibt es im Zoofachhandel. Ihre Ratte windet sich mit viel Spaß durch die verschiedenen Öffnungen.

4 Wackelpudding

»Verpacken« Sie Früchte oder Körner in Wackelpudding, und lassen Sie alles im Eiswürfelbehälter fest werden. Ein Leckerbissen für Ihre Ratte.

have fun

Spiellandschaft gestalten

Erkunden, Klettern und Spielen wird bei Ratten groß geschrieben. Sorgen Sie für einen abwechslungsreichen Rattenalltag.

1 **Leiter**

Solche Holzleitern gibt es im Zoofachhandel zu kaufen. Sie laden zum Klettern und Turnen ein.

2 **Spielplatz im Käfig**

Wippe mit Glöckchen und eine Badeschale mit Sand machen der Käfiglangeweile den Garaus. Ebenso die Kugel aus Trockengras, im Bild rechts, mit Leiterchen.

Abenteuerspiel-platz für Ratten

Ratten toben ihre Neugierde häufig da aus, wo man sie nicht sehen kann: hinter und unter den Möbeln. Da ist es natürlich viel netter, den Ratten dort einen Spielplatz einzurichten, wo man sie auch beobachten kann. Ab und zu sollten die Turn- und Spielgeräte wechseln, sonst wird das Ganze langweilig für die Tiere. Nach einer Weile kann man »alte« Spielgeräte auch wieder neu zum Einsatz bringen. Ihrer Fantasie zum Eigenbau sind keine Grenzen gesetzt, setzen Sie nur Ihren »gesunden Ratten-verstand« ein: Alles sollte ungefährlich, stabil, einfach zu reinigen oder gleich wegwerfbar sein. Wenn die Ratten nicht von klein auf an Spielgeräte gewöhnt waren, müssen Sie manchmal ein bisschen Geduld haben, bis sie den Spielplatz akzeptieren.

Alle neuen Spielzeuge kann man mit Futter interessant machen. Es ist sowieso eine gute Idee, die Tiere für ihre Leckerbissen ein wenig arbeiten zu lassen. Fordern Sie Ihre Stubenhocker heraus.

Solche kleinen Hindernisse eignen sich sowohl zum Überklettern als auch zum Hindurchkriechen.

8 **Wurzel**

Solch eine Wurzel kann erklettert und beschnuppert werden. Sie gibt auch ein prima Versteck ab.

Welcher Verhaltenstyp ist meine Ratte?

Ratten haben sehr verschiedene Persönlichkeiten. Es gibt empfindsame Schmuser, selbstbewusste Raufer, unermüdliche Erfinder oder bewegungsfreudige Abenteurer. Finden Sie mit Hilfe dieses Tests heraus, zu welcher Kategorie Ihre Ratte gehört. Natürlich kann eine Ratte auch in mehrere Kategorien passen.

JA   NEIN

1 Kann Ihre Ratte keinen Moment still sitzen, wenn sie Freilauf im Zimmer hat? ◯ ◯

2 Verbringt Ihre Ratte die Zeit am liebsten auf Ihrer Schulter? ◯ ◯

3 Sind Regale für sie keine unüberwindlichen Hindernisse, sondern eine Herausforderung? ◯ ◯

4 Liebt Ihre Ratte kleine Ringkämpfe mit Ihrer Hand? ◯ ◯

5 Läßt Ihre Ratte sich gern lange Kraulrunden gefallen, z. B. während Sie telefonieren? ◯ ◯

6 Kann sich Ihre Ratte lang mit geschickt verpacktem Futter beschäftigen? ◯ ◯

7 Geht Ihre Ratte Raufereien lieber aus dem Weg? ◯ ◯

8 Putzt Ihre Ratte die anderen im Rudel mitunter recht rigoros und drückt sie dabei auch herunter? ◯ ◯

9 Nehmen die anderen Ratten dieser Ratte schon mal einen Leckerbissen weg? ◯ ◯

10 Sind einfache Käfigtürchen kein Hindernis für Ihre Ratte? ◯ ◯

Auflösung: Antwort „Ja" bei den Fragen: 1, 3, 4: Ihre Ratte ist eine bewegungsfreudige Abenteurerin. 2, 5: Ihre Ratte ist ein Schmuser. 4, 8: Ihre Ratte ist selbstbewusst und hat einen hohen Rang im Rudel. 7, 9: Diese Ratte ordnet sich lieber unter. 6, 10: Dies sind die unermüdlichen Erfinder.

5 Karton

Der Karton ist schnell mit Löchern versehen, und schon haben Sie ein interessantes Spielzeug für Ihre Ratten gestaltet.

7 Futterball

Dieser Ball kann mit Futterhappen bestückt werden. Läßt ihn die Ratte rollen, fallen die Futterstückchen heraus.

Häuschen und Pinienzapfen 6

Ratten ziehen sich gern in einen Unterschlupf zurück, um dort ihr Futter ungestört verspeisen zu können. Der Pinienzapfen ist mit Studentenfutter bestückt. Mit Hilfe ihrer geschickten Vorderpfötchen holt sich die Ratte die Leckerbissen.

Spielen und Erkunden

Wilde Ratten setzen jeden Tag alle ihre Sinne ein: Riechen, Hören, Schmecken, Tasten, Sehen. Ihre Umgebung verändert sich ständig, sie müssen Futter suchen, sie müssen vor Feinden auf der Hut sein, sie pflegen die sozialen Kontakte im Rudel, sie müssen Entscheidungen treffen. Um diese spannende Welt einer »Heimtierratte« zu ersetzen, müssen wir uns etwas einfallen lassen. Soziale Kontakte bieten Artgenossen und Menschen, Abwechslung bringt schon der Auslauf im Zimmer. Darüber hinaus sind Ideen, die die Tiere auf artgerechte Weise beschäftigen, immer sehr gefragt.

Das gefällt Ihren Ratten

Diese Spiele machen Ratten Spaß:
➜ Geruchsspuren legen, die zu einer Belohnung führen. Geringste Mengen reichen. (Nadelbaumöle sind für Ratten giftig!)
➜ Krabbellandschaften aus Kissen auf dem Sofa bauen.
➜ Labyrinthe aus Bauklötzchen, Papprollen oder Pappkartons basteln (Labyrinthe erinnern an den Bau!)
➜ Bei meinen jungen Ratten ist das »Erschreck-mich-versteck-dich«-Spiel beliebt. Die Ratte macht ein kleines Ringkämpfchen mit meiner Hand und rennt dann »erschreckt« in ein Versteck, z. B. unter ein Sofakissen. In der nächsten Sekunde ist sie wieder da, und das Spiel fängt von vorn an. Man kann natürlich auch mit Hand und Ratte »Fangen« spielen.
➜ Alles, was raschelt, ist interessant. Raschelndes wie etwa Papier eignet sich auch gut, um Ratten anzulocken, wenn sie frei herumlaufen.

Kuscheln mit »ihrem« Menschen ist für die meisten Heimtierratten eine Selbstverständlichkeit.

Der Wohlfühl-Test für Ihren Liebling

Wie viel Freilauf haben Ihre Ratten pro Tag?

Keinen — *0 Punkte* 1 Stunde — *1 Punkt* Mehr — *3 Punkte*

Putzen sich die Ratten gegenseitig?

Nie — *0 Punkte* Manchmal — *1 Punkt* Häufig — *3 Punkte*

Ist das Fell glatt und glänzend?

Ja — *3 Punkte* Nein — *0 Punkte*

Hat Ihre Ratte an Gewicht verloren?

Ja — *0 Punkte* Nein — *3 Punkte*

Leckt Ihre Ratte gern mal an Ihrer Hand?

Ja — *3 Punkte* Nein — *0 Punkte*

Ist Ihre Ratte aktiv und neugierig?

Ja — *3 Punkte* Manchmal — *1 Punkt* Oft — *2 Punkte*

Gibt es viele Keilereien zwischen Ihren Ratten?

Selten — *1 Punkt* Nie — *3 Punkte* Sehr häufig — *0 Punkte*

Schläft Ihre Ratte extrem viel?

Ja — *0 Punkte* Nein — *3 Punkte*

Wie reagiert die Ratte auf Neues, z. B. Zweige zum Benagen?

Weicht zurück — *0 Punkte* Beschnuppert sie — *1 Punkt* Beknabbert sie — *3 Punkte*

Wie sieht die Umgebung von Mund, Nase, Augen und After aus?

Alles nass, Haut gerötet — *0 Punkte* Trocken und sauber — *3 Punkte* Haare etwas verklebt — *1 Punkt*

Wie sehen ihre Augen aus?

Trübe — *0 Punkte* Verklebt — *1 Punkt* Blank und glänzend — *3 Punkte*

0 – 10 Punkte : Die Ratte fühlt sich nicht sehr wohl; 10 – 18 Punkte: Der Ratte geht es einigermaßen gut; 18 – 25 Punkte: Das Tier fühlt sich wohl; 25 – 33 Punkte: Die Ratte fühlt sich sehr wohl.

Seifensüchtig

Die Seife im Badezimmer hat es Fatz angetan. Er unternimmt die unglaublichsten Kletteraktionen, nur, um an der Seife knabbern zu können. Kürzlich war Fatz verschwunden. Da fiel mir plötzlich ein, dass ich vergessen hatte, die Badezimmertür zu schließen. Ich brauchte also nicht lange nach ihm zu suchen. Über das Handtuch, das am Haken hing, war er bereits zum Waschbecken empor geklettert und hockte auf dem schmalen Beckenrand. Wie sollte er jetzt, ohne einen Absturz zu riskieren, auf die andere Seite gelangen, wo die begehrte Seife in einer Schale lag? Doch Fatz ist ja erfinderisch. Er musste einfach den Weg durch das Becken nehmen. Aber hier tropfte der Wasserhahn, und Fatz ist nicht gerade ein Freund von Duschbädern. Egal, wo ein Wille ist, ist auch ein Weg, und Fatz ist seifensüchtig. Also rutschte er vorsichtig ins Becken hinab, nahm in Kauf, dass die kalten Wassertropfen auf seinen Rücken plätscherten und kletterte mit einiger Mühe auf der anderen Seite wieder hinauf. Endlich konnte er an seiner heißgeliebten Seife knabbern. Ich brachte es nicht übers Herz, ihn nach dieser Anstrengung sofort von der Seife wegzuholen, sondern ließ ihn kurze Zeit gewähren. Dann setzte ich Fatz auf meine Hand und zog beim Gehen vorsichtshalber die Badezimmertür hinter mir zu.

→ Auch das Beobachten kann viel Spaß machen. Wie sieht die Körpersprache der Tiere aus (Ohren, Haltung, Fell, Schwanz), wenn sie friedlich sind, wenn es ein Gerangel gibt, wenn sie vorsichtig oder entspannt sind? Wo sind ihre Lieblingsplätze, -pfade? Wer ist der Boss?

Lernen Ratten Tricks?

Ja, mit viel Geduld und positiver Verstärkung, das heißt Belohnungen, wenn sie etwas richtig gemacht haben. Strafen verstehen sie nicht. Negatives Benehmen (Blumen ausbuddeln, Kabel nagen) kann man nicht abtrainieren, da hilft nur Augen aufhalten.

Beißen

Ratten, die zahm sind, beißen nur in Extremsituationen: Wenn sie sich wehtun, wenn sie Angst haben oder wenn sie geärgert werden. Das passiert sehr selten! Missverständnisse können entstehen, wenn man Futter durchs Käfiggitter steckt oder stark riechendes Futter oder Salben an den Fingern hat. Dann kann die Ratte nicht feststellen, wo der Mensch anfängt und das Futter aufhört. Wenn die Ratte Sie vorsichtig »zwischen die Zähne nimmt«, dann testet sie das vermeintliche Futter. Es kann allerdings auch eine Warnung sein, die zwar nicht wehtut, die man aber beherzigen sollte: »Hör auf!«

TIPP vom ZOOHÄNDLER

Spielzeug für Papageien, Hunde und Katzen gibt es im Zoofachhandel in schier unendlicher Auswahl. Vieles davon eignet sich auch für die Beschäftigung von Ratten. Achten Sie aber darauf, dass Sie einen Gegenstand wählen, bei dem sich die Ratte nichts einklemmen kann.

Tonröhren sind nicht nur ideale Schlafplätzchen, sondern werden auch mit Vorliebe »erforscht«.

Glücklich und aktiv

Mit zwei Jahren ist Bruno, das Rattenmännchen,
eigentlich schon ein Senior. Als junges Tier war Bruno
ein echter Abenteurer. Doch jetzt sind ihm ein behagliches
warmes Plätzchen und ausgiebige Schmusestunden
mit »seinem« Menschen am wichtigsten.
Abenteuer überlässt er lieber dem Nachwuchs.

im Alter

old & happy

Wie alt werden Ratten?

Ratten werden nur zwei bis drei Jahre alt. Die höheren Altersangaben, die in der Literatur kursieren, beruhen bestenfalls auf seltenen Ausnahmen. Wilde Ratten erreichen in der Natur häufig nur ein Lebensalter von sechs Monaten bis einem Jahr.

Die kurze Lebensspanne hat Nachteile, aber auch Vorteile. Einerseits muß man früh von einem Heimtier Abschied nehmen, das einem ans Herz gewachsen ist. Andererseits muß man bei der Anschaffung einer Ratte aber auch keine so langjährige Verantwortung übernehmen. Hunde werden dagegen 10 bis 15 Jahre alt, Papageien sogar 30 bis 100 Jahre.

Woran man eine »alte« Ratte erkennt

Wenn die Tiere die Altersgrenze von 18 Monaten oder zwei Jahren überschreiten, werden Sie irgendwann feststellen, dass das Fell Ihrer Ratten ein wenig gröber und das lange Rattengesicht immer ausgepräg-

Was sich im Alter ändert

➜ **Verhalten:**
Die Tiere werden etwas ruhiger, sind nicht mehr so abenteuerlich aufgelegt. Manche »wilden Feger« werden jetzt zu Kuschelratten.

➜ **Aussehen:**
Eine gesunde Ratte hat auch im Alter ein glattes Fell. Es wird allerdings etwas schütterer. Ein struppiges Fell kann ein Hinweis auf Krankheiten sein. Das lange Rattengesicht wird immer ausgeprägter und hagerer.

➜ **Gruppe:**
Die Rangfolge in der Gruppe ändert sich, wenn dominante Ratten älter werden und jüngere nachrücken.

➜ **Ernährung:**
Gesunde Ernährung mit reichlich Obst und Gemüse ist jetzt besonders wichtig. Das heißt Vorsicht mit Fett und zu viel Eiweiß.

➜ **Sinnesleistungen:**
Ob Sehen, Hören und Riechen direkt nachlassen, lässt sich nicht mit Bestimmtheit sagen.

➜ **Krankheiten:**
Ratten leiden an einer ganzen Reihe von Alterserkrankungen wie zum Beispiel Nieren- und Herzproblemen, Lähmungen oder Atemwegserkrankungen. Die häufigste Todesursache sind jedoch mit Abstand Tumoren.

ter und hagerer wird. Die Unternehmungslust nimmt ab, und manche Ratten suchen mehr Kontakt zu ihren Menschen. Was ändert sich in der Pflege? Ermöglichen Sie Ihren Senioren den bequemen Zugang zu allen wichtigen Stellen – dem Wasser und Futter, ihrem Schlafplatz. Große Sprünge sind häufig nicht mehr drin.

Neben einer behaglichen, warmen Umgebung wird die gesunde Ernährung jetzt immer wichtiger: fett-, salz- und eiweißarm mit viel frischem Obst und Gemüse.

Genießen Sie entspannte Kuschelrunden mit den Tieren. Dabei haben Sie dann auch gleich Gelegenheit, sie sanft zu untersuchen und eventuelle Unwohlseinszeichen frühzeitig zu entdecken. Krankheiten können sich nämlich bei so kleinen Tieren ziemlich schnell entwickeln.

Alterserkrankungen

Genau wie wir Menschen leiden auch Ratten an einer Reihe von Alterserkrankungen. Doch auch bei so kleinen Tieren kann man inzwischen bei vielen Krankheiten zumindest Erleichterung verschaffen. Deshalb macht es Sinn, mit einer kranken Ratte zu einem auf Kleintiere spezialisierten Tierarzt zu gehen. Zu den Alterserkrankungen der Ratte gehören:

→ Nierenprobleme, deshalb der erhöhte Flüssigkeitsbedarf (und mehr Urinausscheidung).

Auch alte Ratten sind bereit, noch kleine Kunststücke zu lernen. Mit einem Leckerbissen läßt sich Alex durch den Grasreifen locken.

TIPP vom TIERARZT

Achten Sie darauf, dass Ihre ältere Ratte weiterhin viel trinkt. Machen Sie ihr das Wasser beispielsweise mit ein paar Tropfen Fruchtsaft schmackhafter. Gerade ältere Tiere haben häufig Nierenprobleme, und eine ausreichende Flüssigkeitszufuhr ist deshalb besonders wichtig.

→ Herzprobleme, die sich durch Schwäche, Atemprobleme, Appetitlosigkeit, Aufgedunsensein oder eine blaue Schwanzspitze zeigen.

→ Lähmungen, die leider nicht heilbar sind.

→ Hauterkrankungen, da sich das schwächer werdende Immunsystem nicht mehr so gut wehren kann.

→ Aus dem gleichen Grund treten vermehrt Atemwegserkrankungen auf.

→ Tumore, die die häufigste Todesursache bei Ratten sind.

Ich möchte Ihnen noch eine kurze Erläuterung zu den Atemwegserkrankungen und den Tumoren bei Ratten geben: Fast alle Ratten leiden unter Mycoplasmose, einer chronischen Atemwegserkrankung, die bisher nicht heilbar ist (für den Menschen nicht ansteckend!). Die Folgeerkrankungen dagegen können sehr gut mit Antibiotika behandelt werden. Anzeichen für Atemwegserkrankungen sind ein keuchender Atem, dauerndes Niesen und Nasenausfluss, bei schlimmen Fällen Lethargie und Appetitlosigkeit. Bei Ratten mit gereizten Atemwegen findet man rote Tröpfchen um Nase, Augen und im Nestmaterial. Das ist kein Blut, sondern ein roter Farbstoff (Porphyrin) in der Tränenflüssigkeit.

Sie erleichtern das Leben der Ratte sehr, wenn Sie sie penibel sauber halten, da schmutzige Einstreu die Atemwege der angeschlagenen Ratte extrem reizt.

Es ist ein alter Streit unter Rattenfreunden, ob die Krebsanfälligkeit von Ratten angezüchtet wurde oder einfach »normal« ist. Auf der einen Seite gibt es tatsächlich Laborstämme von Ratten, die für die Krebsforschung eingesetzt werden, weil sie zu Tumoren neigen. Andererseits werden Labor- und Farbratten, verglichen mit Wildratten, sehr alt, so dass der Krebs einfach eine Alterserkrankung wie beim Menschen sein kann.

Tatsache ist, dass Krebs einer der häufigsten Todesursachen bei Ratten ist. Tumore bilden sich besonders häufig bei Weibchen. Sie operativ zu entfernen ist möglich, aber nur sinnvoll, wenn die Ratte noch eine längere Lebensspanne vor sich hat. Eine Operation ist sonst unnötiger Stress.

Wie Ratten sterben

Alterserkrankungen und Tod der Ratte, das ist ein trauriges Kapitel. Vielleicht sollten Sie trotzdem darüber nachdenken, was Sie tun, falls es Ihrer Ratte wirklich schlecht gehen sollte.

Tiere erleben Schmerz und Hilflosigkeit unmittelbar, ohne Hoffnung auf Besserung. Ihnen fehlt die Einsicht, über Hilfsmöglichkeiten und die Zukunft nachzudenken. Todkranke Tiere hätten in der Natur keine Überlebenschancen, langes Leiden bliebe ihnen erspart.

Leiden zu verhindern ist ein Teil der Verantwortung, die Sie mit der Anschaffung der Ratte übernommen haben. Wenn die Ratte sich kaum bewegt, japst, sich nicht mehr putzt, nicht frisst und Schmerzen zu haben scheint, bringen Sie sie besser zum Tierarzt. Er kann sie schmerzlos einschläfern. Sie können Ihrem Tier ein friedliches Ende bereiten, wenn Sie es in Ihren Armen einschlafen lassen. Der vertraute Geruch und die vertraute Stimme nehmen Ihrer Ratte die Angst.

Abschied vom Tier

Unsere zahmen Ratten sind anhänglich wie Hunde und jede hat eine ausgeprägte Persönlichkeit – natürlich vermisst man sie, wenn sie nicht mehr da sind. Viele Menschen finden es albern, um ein Kleintier zu trauern. Sehr wahrscheinlich hatten sie noch nie eines. Doch für ein paar Tränen braucht man sich in dieser Situation wirklich nicht zu schämen.

Der Tierarzt hat die Möglichkeit, sich um das tote Tier zu kümmern. Sie können es aber auch auf dem eigenen Grundstück begraben. Gerade bei Kindern sollten Sie die Trauer um das tote Tier

ernst nehmen. Nicht nur für Kinder ist es eine große Hilfe, ausdrücklichen Abschied von einem Heimtier nehmen zu dürfen. Schließlich hat es ein ganzes Leben bei uns verbracht und war für die Kinder ein Mitglied der Familie. Eine Beerdigung und gemeinsames Gedenken an die Ratte machen es hinterher viel einfacher, die schönen Erinnerungen wieder in den Vordergrund zu stellen.

Da Tod und Trauer im Allgemeinen lieber unter den Teppich gekehrt werden, ist der Tod eines

Etwas älter, na und? Klettern macht nicht nur jungen Ratten Spaß.

Tieres für Kinder oft die erste Chance, sich mit diesen grundlegenden Fragen auseinander zu setzen und damit umgehen zu lernen.

Wenn der Artgenosse stirbt

Wissenschaftler tun sich schwer, Tieren Gefühle zuzuschreiben. Aber bei so sozialen Tieren wie Ratten ist es nicht weit hergeholt, von Verlust und Einsamkeit zu sprechen. Das Verschwinden eines Freundes geht nicht spurlos an ihnen vorbei, sie suchen nach ihm, können lethargisch werden oder aufhören zu fressen. Lenken Sie die Ratte mit viel Zuwendung ab.

Falls Sie weiterhin Ratten halten möchten, dann setzen Sie bald eine neue Ratte hinzu. Wie Sie eine neue Ratte in eine Gruppe einfügen, wird auf Seite 35 beschrieben.

Bedenken Sie jedoch, dass Sie schnell wieder vor dem gleichen Problem stehen, wenn Sie ein sehr junges Tier zu Ihrer einzelnen älteren Ratte gesellen. Eventuell ist es besser, das »Alttier« allein zu lassen und es stattdessen ausgiebig zu beschäftigen.

Vermeiden Sie es auf alle Fälle, sehr junge Ratten zu älteren Männchen zu setzen. Diese akzeptieren mitunter die Kleinen nicht.

Ausgiebige Körperpflege ist für Ratten keine Frage des Alters. Selbstverständlich steht auch jetzt die »Schönheitspflege« noch im Vordergrund.

Die Höllenfahrt

Ratz ist ein Joghurtfan. Also darf er die Reste meiner Joghurtgläser auslecken. Vor kurzem hatte ich ein besonders großes Glas Erdbeerjoghurt, dem Lieblingsgeschmack von Ratz, gekauft. Als das Glas fast leer war, legte ich es wie immer auf den Boden und überließ es Ratz. Sofort machte er sich darüber her. Er schleckte so hingebungsvoll, dass er fast völlig in dem Glas verschwand. Durch seine Bewegungen geriet das Glas plötzlich ins Rollen, und Ratz konnte nicht schnell genug herausklettern. Er mußte also wohl oder übel drin bleiben. Ich stand wie angewurzelt und beobachtete, wie Ratz im Glas durch das Zimmer kullerte. Immer wieder überschlug er sich, bis schließlich die Heizung die „Fahrt" im Joghurtglas bremste. Endlich konnte Ratz aussteigen. Von so vielen Umdrehungen musste ihm wohl schwindlig geworden sein, denn er torkelte wie betrunken auf mich zu und blieb dann zusammengekauert vor mir hocken. Liebevoll nahm ich ihn auf den Arm und streichelte ihn zärtlich. So ein Schreck für uns beide! Als Fatz sah, dass Ratz extra Streicheleinheiten bekam, eilte auch er herbei. Erst als die beiden auf meinem Arm entspannt mit den Zähnen raspelten, überließ ich Ratz und Fatz wieder sich selbst.

Register

Monika Lange

studierte Biologie mit Schwerpunkt Zoologie. Sie ist freie Journalistin, Kinderbuch- und Ratgeberautorin. Seit 1998 lebt sie in Seattle, wo sie unter anderem im dortigen Woodland Park, einem der führenden Zoos der USA, ehrenamtlich arbeitet.

Christine Steimer

ist Tierfotografin mit Leib und Seele. Sie arbeitet für internationale Buchverlage, Fachzeitschriften und Werbeagenturen.

Gabriele Linke-Grün

arbeitet seit vielen Jahren als freie Journalistin für die GU-Naturbuchredaktion, verschiedene Tierzeitschriften und Schulbuchverlage. Sie schrieb die Ratten-Erlebnisse.

Verfolgungsjagd durch die Löcherwand macht allen Ratten Spaß.

Adressen

- VdRD e.V., Verein der Rattenliebhaber und -halter in Deutschland e.V., Postfach 150324, 60063 Frankfurt/Main, Internet: http://www.vdrd.de
- Rattenclub e.V., c/o Christiane Frost, Bornsdorfer Str. 43, 12053 Berlin
- Bundesarbeitsgruppe Kleinsäuger, Auskunft über Herrn Klaus Rudloff, Tierpark Berlin Friedrichsfelde, Am Tierpark 125, 10307 Berlin oder Frau Anjali Gutleber, Landshuter Str. 36, 84187 Wenghörmannsdorf
- RÖK Rassezuchtverband Österreichischer Kleintierzüchter, Geschäftsstelle: Dr.-Karl-Lueger-Ring 14/II, A-1010 Wien
- Fragen zur Rattenhaltung beantworten Ihr Zoofachhändler und der Zentralverband Zoologischer Fachbetriebe Deutschlands e.V, 63225 Langen, Tel. 06103/910 732 (nur telefonische Auskunft möglich)

Zeitschriften und Broschüren

- Hamster & Co., Branchen-Fachverlag Ulrich, 36211 Alheim
- Geflügel-Börse, Verlag Jürgens KG, 82102 Germering

Dank

Fotografin und Verlag danken der Firma Wagner & Keller, Ludwigshafen, für die freundliche Unterstützung. Die Firma setzt sich seit langem erfolgreich für die tiergerechte Unterbringung in Vogel- und Kleintierheimen ein.

Impressum

© 2000 Gräfe und Unzer Verlag GmbH, München. Alle Rechte vorbehalten. Nachdruck, auch auszugsweise, sowie Verbreitung durch Bild, Funk, Fernsehen und Internet, durch fotomechanische Wiedergabe, Tonträger und Datenverarbeitungssysteme jeder Art nur mit schriftlicher Genehmigung des Verlages.

Redaktion: Anita Zellner, Gabriele Linke-Grün
Umschlaggestaltung und Layout: Heinz Kraxenberger
Satz/Herstellung: Heide Blut
Produktion: Susanne Mühldorfer
Reproduktion: w&co
Druck und Bindung: Stürtz
Printed in Germany

ISBN: 3-7742-1267-8
Auflage: 4.   3.   2.   1.
Jahr: 03   02   01   2000

AUS LIEBE ZUM TIER

damit Ihr Heimtier sich wohl fühlt

Besuchen Sie uns
im Internet:

www.gu-tierclub.de

ISBN 3-7742-3699-2
64 Seiten

ISBN 3-7742-1271-6
64 Seiten

ISBN 3-7742-1243-0
64 Seiten

Gutgemacht. Gutgelaunt.

So ist meine Ratte

Es kann vorkommen, dass Sie plötzlich verreisen müssen oder krank werden. Dann muss ein anderes Familienmitglied oder ein Nachbar kurzfristig die Pflege Ihrer Ratten übernehmen. Hier haben Sie die Möglichkeit, die Besonderheiten Ihrer kleinen Freunde einzutragen.

So heißen meine Ratten:

1 ....

2 ....

Das sind ihre Fellfarben:

1 ....

2 ....

Daran erkenne ich sie sofort:

1 ....

2 ....

Das bekommen sie als Leckerbissen:

....

....

Das ist im Umgang mit ihnen zu beachten:

....

....

Diese Pflegemaßnahmen sind sie gewöhnt:

....

....

Das sind ihre Marotten:

....

....